MW01602294

A Highland Story

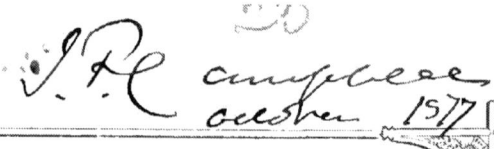

A HIGHLAND STORY:

COMPRISING

INCIDENTS RELATING TO

THE MASSACRE OF GLENCOE,

AND

THE PLAGUE IN CALLART HOUSE.

BY

JOHN CAMERON,

Bard to the Ossianic Society.

" Thuit a chlàrsach as a làimh,
A 's dh'imich anns an dàn a h-anam."
—OSSIAN.

SECOND EDITION.

GLASGOW:
WILLIAM GILCHRIST, PRINTER, 64 HOWARD STREET.
MDCCCLXXVI.

GENERAL PRINTING &
PUBLISHING OFFICE.
Gaelic
WORK
DONE.

62 ARGYLE STREET,

Glasgow, Sept 19   187

Dear Sir,

I have managed to pro-
cure from My friend Mr —
Gilchrist, Printer, two or three
copies of the Highland Story
you want and which I
have much pleasure in
forwarding — They were printed
for private circulation
so don't speak of paying for
them — I got them for nothing

well and with a ceud
mile faitte,

Is mi bhur seirbheiseach
umhal, an là a chi 'snach
fhaic

Gilleasbuig Mac-na-Ceardaich

J. F. Campbell Esq
Inverness

A HIGHLAND STORY:

COMPRISING

INCIDENTS RELATING TO

THE MASSACRE OF GLENCOE,

AND

THE PLAGUE IN CALLART HOUSE.

BY

JOHN CAMERON,

Bard to the Ossianic Society

Thuit a chliasach as a lamh
A s dh imich anns an dan a h anam '
OSSIAN

SECOND EDITION

GLASGOW.

WILLIAM GILCHRIST, PRINTER, 64 HOWARD STREET

MDCCCLXXVI

DO'N OLLA IOMRAIDEACH,

IAIN STIÙBHARD BLACKIE,

Oide-foghluim na Gréigis ann an Oil-thigh Dhunéideun,

Tha an Dàn a leanas air aimmeachadh,

GU H-URRAMACH AGUS GU H-UMHAIL,

LEIS AN DEALBHADAIR.

NOTE

A Reprint of this Story was much asked for The
Author hopes that the orthography of the Gaelic will
please the general reader.

A HIGHLAND STORY.

_____

BOOK I.

ARGUMENT.

AN old soldier, travelling towards Duror, in Appin, is benighted, and overtaken by a snow-storm He laments that he escaped the horrors of war, and having now the prospects of dying ignominiously by the inclemency of the weather.—He sees a light through the dusky storm, takes courage, and goes to the house —He is saluted and welcomed in —Blesses the house and household, according to an ancient custom —A dialogue ensues —He is discovered to be one of the soldiers concerned in the massacre of Glencoe The goodman being a surviver of the same, threatens the life of the traveller —The old man affirmed that he was not of the clan Campbell, neither did he shed a drop of the blood of his host's kindred.—And begins to tell him how he came to serve under Argyle, by relating the story of Mary of Callart

Bu dorcha 'n oidhche gheamhraidh thuan,
'S an t-Earraghàelach air chuairt na dì
A chaill a mhisneach 'm measg nam blàr
A neart 's a làithean dh'fhàg san strì
Ri Leitir-Shiuna chuir e 'chùl,
E'n diul bhi 'n Dùra roimh dhu-tràth ,
Ach shèid a' ghaillionn air á tuath,
A's dh'aom du'-ghruann air aghaidh 'n àird
Tha Baile-nan-Gobhann[1] 'm measg nan tonn
'S a chreagan lom to chobhar bàn
Tha earradh 's gile na do 'n cheò,
A nis 'ga chòmhdach an gach làmh.

THE OLD SOLDIER'S COMPLAINT

"O Airdghobhai ' nach moi do ghair ʔ
Ge geal do ghailhonn 's dubh do ghiuaim
Mo bheath' chaidh as bho thoriunn bhlai,
An tuit to d' ghaithean geur gun chruaidh ʼ
Is gruamaich' so na 'n oidhche chian.
'Nuair chaisgreadh Mac-'Ic-Iain mòi ,²
'S a shluagh a mhortadh air bheag bàigh
Cha diol ai bàs an luchd a th' oirnn
Ciod unn' nach d'aom to làmh an tréin,
'S cho hutha beum a bhac mo lann
A roghuinn air bhi 'n so gun treòii.
Mar iomall ceò an cois nam beann ʔ
Bu tiic iad 'tuiteam air gach taobh
Ged dh'fhàgadh mis' mar chiaoibh leath' fein ,
Ach sheaig a freumhan, sheac a bàri,
A's dh'aom fadheòigh i trasd air féith
Ach chi mi reul troimh 'n ghailliun dunn.
Ma's reul na teine tuinn a th' ann ,
Na còmhnuidh caraid an fhir-chnaiit.
Nach biodh fo ghiuaim ged bhithinn ann
Nis éiridh mi le lùs mo làmh,
Cha chaoin an leaba-bhàis an lom ,
Gun teach gun tuar, gun dàmh a' m' chòii."
('S a ghnùis an deòir fo aomadh crom)
Nis, thigeadh trian do m' threòir air 'ais
'S do earr mo ré' mo bhata ni
'S i 'n reul a chì mi Dail-na-tràid
An uidhe 's gearr ge gàbhaidh i "
Bha craobh a's ciaobh a' gabhail seach
To dhuilleach bieac do shneachda tlà
Tha gàirich Traide mis gu 'chluais.
S ge garbh a fuann iinn e iith' bàigh
Tha comhart com a' cui an fault
'S cha doicheall e do'n fhàidaich fhial
Tha 'chòmhla fosgladh gu luath

GOODMAN

" Cò so tha fo ghruaim nan sian ? "

OLD SOLDIER

" 'Suarach sin, a rìgh na flalachd,
' S bu bheag a b'fhiach ged bhithinn ann ,
On sguir mo stàth bho'n thréig mo threoir
A's crìoch mo làithean 's geàrr gu'n ceann "

GOODMAN

" Cha n àite sin a chaoidh do chòir
Ach thig a-stigh a's pàirtich leinn,
S a rithis cluinnidh sinn do sgeul,—
On sgeul nan treun is ait le 'n cloinn "

THE OLD MAN BLESSES THE HOUSE AND FAMILY.

" O ' beannachadh 'bhi do'n fhàrdaich fhial,
Biodh beannachd Dhia air na bheil ann ,
Biodh òige 's aois faraon fò'n chleith,
A's meadhon aois 'nar measg gach àm
Biodh curam càirdeil Rìgh nan sluagh
A' bacadh torrunn cruaidh nan sian ,
'S a' riaghladh dealanaich nan speur,
Bho 'ghaithean beur biodh E 'g ar dìon
Biodh earrach 'teachd gu cur a'm fonn,
Biodh fàs air lom fo thuil a' Mhàigh .
Biodh àm gu lìonadh, àm gu buain,
Sluagh gu cròthadh, buain a's bàrr ·
Biodh pailteas anns an fhàrdaich ait,
Gu fuasgladh air luchd airc a ghnàth.
'S biodh gean air anam an fhir-aosd',
'Nuair shìneas e do'n aeg a làmh " ·

GOODMAN

"Ceud failt ort féin, a mhic na h-aois .
'S ma dh'fhaodar comhfhurtachd 'thoirt duit
An fhardach nach d'fhàg aràch naimh.
Bidh faoilidh, fialaidh a nis riut ·
Oir's amhludh 'chleachd mo shinnsrean féin.
Ged's olc a dh'éirich dhaibh 'na dhuais ,
An naimhdean altrum fo nochd sith,
'S e dh'fhàg gun charaid mi san uair.'

OLD MAN

"A righ ' nach tachair ni aig àm,
Nach 'eil 's gach am co-ionann iis ,
Ach 's iommhor' iochdair a gheibh duais,
Na duine cruaidh 'gheibh sonas leis."

GOODMAN

"Cia as dhuibh tein a dhuine chòir ?
Cia anns na chaith sibh glòn 'ur là ?
Air chunnt ged tha sibh 'n nochd gun fheum
Gur h-ioma beum a bhuail 'ur làmh "

OLD MAN

"Mo làithean tein, a threig mar cheo,
'S a chaochail i mar sgleo mo ré ,
Is ioma tìr san robh mo chuairt,
'S bu tric mo chruaidh a' tilleadh bheum
Ach ged nach do thoill mi chù nan treun,
Is tric a dh'fheunn mi bhi 'nam measg
Bha mi o m' oige 'm feachd an righ,
Ged tha mi 'n diugh gun mhiagh gun mheas.'

GOODMAN

"Ach ciod a' bhuidheann san robh thu ?
'N do choisinn i mòr chliù do'n tìr ?

O ' b'olc an anndh e, an cu,'
Air bhi 'na dhùic no bhi 'na rìgh."

OLD MAN

"San aon-thar-fhichead thuit mo chrann "—

GOODMAN

" San aon-thar-fhichead "?   'N ann gu dearbh ?
A mhurtair ! thàinig thu gu m' làimh ;
'S ma's beath' no bàs dhuit bidh e searbh.
Thug Dia a' cheartais thu gu 'so,
'S ged leig E leat san olc bhi beo ,
Bha gaoir nam beòthaibh 's fuil nam marbh,
Ag éigheach ris gach là le deòin.
Ach lann cha salaich mi le d'fhuil,
'S cha toir mi m'fhialachd gu tir uait ,
Oir 'n Tì a thug thu 'n nochd gu m' làimh,
Bheir Esan dhuit gu saibhir duais "

OLD MAN

" Ciod e do chainnt m'n tuigeam féin,
Mur Comhunnach an treun-fhear fial ,
B'e cuid do m' àmhghar bhi 'm measg sluagh.
'N cridhe bha cho cruaidh 's an gnìomh,
Ach chunna' mise crìoch an dream,
A bh'ann sa' Ghleann's a rinn an gnìomh ,
'S bu shona 'n neach dhiubh a fhuair bàs,
Mu 'm fac e anns na h-àrdaibh grian
Oir chuireadh sinn an déigh a' mhuirt,
A null thar muir do thìr na Fraing' ,
'S air feadh na Mòr Roinn teth a's fuar.
A' fulang cruaidh-chàs an gach làimh
Ach 's aotrom 'chuireadh sin gu léir
Leo-san d'an do thuit bhi saor ·—

B

Bho sgal nan leont 's bho roc a' bhais,
Ni 'lean gu crich an la gach aon
Lean dreach an aosd' a ghnath mu'n cuairt,
'S a sgal 'nan cluais to lot a' bhais,
A's dreach an treun 'chaidh 'mhurt sa' chuil.
'Nuair dhluthaich rad an as gach and
A's dreach na Baintighearna os ceann.
A Tighearna 'chaidh mhurt ra taobh,
'Nuair renb Gleann-Liobhann a h-earradh dhiuth
Gun suim d'a h-inbhe na d'a h-aois
A Chomhunnaich, na saoil a nis,
Ged tha mi fiosrach anns gach cùis,
Gun d'dhòirt mi braon do dh'fhuil nan treun."

GOODMAN

" Na gabh gu h-ole ged dhearbh mi thu,
'S ged rannsaicheam mu chùisean diot
On tha mi eudmhor mu mo shluagh,
'S an cor gach nan tha dlù do m' chri—
Ciod i do dhùthaich a's do shluagh ?
Is Earraghàelach do shnuadh 's do chainnt

OLD MAN

" Is ceart do bharail mu mo dhòigh mu
San dream sin féin a thuit mo chiann

GOODMAN

" Ma ta, na's miosa cha 'n 'eil ann,
A Caimbeulach cha'n earbainn rochd
Cha chreidinn frinn 'thigh nn o'm beul,
On 's ann san eucoir 'ghléidh rad meas
An muin nam fann be 'n cleachdadh riamh,
Ag iarradh riaghlaidh 'ghnath am beus
'S a' cladhach fodh' na os an ceann.
'S an ridheachan cho cam 's am beul."

OLD MAN

"Cha 'n fhaodar 'aicheadh cuid do d' chainnt.
Bha Caimbeulaich do ghnàth ri strì ,
Ach nach bu choi meas Dòmhn'laich dhaibh.
Nach géilleadh dhaibh a'm feaig na'n sìth ?"

GOODMAN

"Cha ghéilleadh, 's nach b'e sin an chù
Gun tug iad dubhlan d'an luchd fuath ?
Cho fhad 's a sheas 'd air lom an fhraoich,
Bu lag na Guimhinich b'fhaoin an cruaidh
Bu tuineadh 'n Gleann do m'shmnsiean féin
Ceann-uidhe e nan treun 's nam bàrd
Bho'n labhian Oisein⁷ ann an deò—
An talla còir nan sgiath 's nan clar
'S bu lionmhor treun-fhear anns a' Ghleann.
'S cha b'thann an làmh 'an cùis an righ,
Ged sheilich Uilleam binn cho cruaidh.
A'n aghaidh sluaigh bha beò a'n sìth
Cha b'ioghnadh iad bhi lag gu ùmhlachd
'Thoirt do righ cho brùideil ris ,
Oir nochd a ghniomh féin fadheòigh,
Nach ann le còir a lùbte leis :
'S ged thug na Caimbeulaich dhuinn fuath,
Bho'n thug sinn buaidh orr' anns gach strì .
Cha b'aobhar sin 's cha b'eugas còir,
Gu'n claoidhte sinn le fòirneart righ."

OLD MAN

" A Chomhunnaich, cha ghearan taom,
A dh'aobhraicheadh dhomh féin na deòin ,
Ach 's geair an oidhche fo do chleith,
Ma dh'aithrisear mo sgeul air chòir "

BOOK II

ARGUMENT

The old man now begins to speak more earnestly He denies being a Nether Lorn man, being a descendant of the Clan Cameron of Callart Their family and the Glencoe people often intermarried, and then goes on to relate the Story of Mary of Callart Patrick, son of the Laird of Inverawe, had a dream about the house of Callart Ewen, his valet, to whom he related his dream, found him in a sad mood at the foot of Ben Cruachan The young man interpreted the dream, went and saddled a horse, and started for Callart When at Lochercrau side he espied a man, dressed in the Clan Cameron tartan, coming on horseback and in great haste They met—Ewen saluted the rider, and in a few words the cause of the dream is known The Callart young man's object was to tell young Inverawe that Mary was sadly left alone—her father, mother, sister, and five brothers having already died in a plague which broke out at Callart Donald More, the young man from Callart, returned home, and Ewen to his young master to tell his sad intelligence, on the receipt of which young Patrick manned his barge, and went to the rescue of the yellow-haired maid He arrived at the still hour of midnight, and cautiously passed the guard which was set to prevent the Callart people from escaping in fear of contagion, met Donald More, who conveyed him to the window where he used to speak to Mary Patrick's voice is heard, and affectionate expressions ensue Mary left her dress in the house of plague, and enwrapped herself in Patrick s plaid He conveys her to the boat, and, after bathing in the sea, she dresses herself in a garment provided for Patrick by one of his sisters for the occasion Donald More, who was the father of the teller of the story followed them in the barge, which concludes the Second book

OLD MAN.

" Cha'n Earraghàelach a th'ann am' féin,
'S cha Chaimbeulach mo threubh na's mò .
Bu mhi-fhortan bho thùs gu crìch,
A chuir mi niamh a thigh'nn 'nan còn —
Bu choinnhearsnach 's bu chàirdean sinn
Thu féin, mi fhéin, 's ar sinnsrean riamh ,
'S e Callard aobhach ceann mo shluaigh,
'Tha thall gu tuath an Gleann nam Fiann

Nach aobhach e le maise mna ?
San linne shemh a dreach a chi ⁸
A's còmhnuidh t'uaill-sa guamach thall,
Is àirde stac, 's is badach frìth
Nach ioma maighdean 'thug sibh dhuinn
'S cho liutha maighdean fhuau 'nan àit' ?
'S nach 'eil ar mairbh air feadh a chéil',
A'n eilein eadaruinn an sàil' ? "

GOODMAN

"Ach ciod an seachran thàinig oit ?
Cha 'n ann aig Oisein a mhàin tha bron
Chi mi ann an deur-chlais t'aodainn,
Gu bheil tuilidh 's aois 'ga d' leòn."

OLD MAN.

" Is sgeula sm a's fhiù a luaidh,
'S an t-aobhar 's cruaidh r'a chur an céill.
Bu charaid m'athair féin do 'n triath,
D'a chomhairlean thug riamh e géill
Bu maighdean mhaiseach Màiri bhàn,
'S cha tug i gaol gun ghaol d'a chionn—
Do Mhac 'le Dhonnachaidh Inbher-àth',
Ogfhear àluinn 'thoill a rùn. ⁹
Air maduinn earraich bha leis féin
An t-uasal treun gu dubhach trom .
A smaoin au ainnir a' chùl bhàin,
'S air aisling a dhùisg pràmh 'na chom.
Bha 'chùl ri Cruachan gorm gu 'bàn,
'S gu sèimh bha Atha 'ruith r'a bhonn ,
'Ga sgàileadh, darag nan seachd linn,
'S cha dùisgeadh ceòl na frìthe 'fhonn
Ach shéid an stoc a chum a' bhùird,
'S cha chuala Pàdruig donn an fhuaim

Tha fear le cabhaig 'm measg nan craobh,
Bu luath a cheum 's bu chaoin a dhuan
Thàinig e gu 'mhaighistir òg —
'S bha 'ghnùis bha daonnan ait to sgleo,
A's labhair e mar fhreagradh dha.
Ach dh'fhiosraich e—'D e fàth a bhròm?

Patrick, or Young Inneraue, speaks

" Fàth mo bhròin ma dh'iarrar leat,
Cha ghoir thu 'n ceart uair mi gu biadh,
Ach suidh maraon rium air an fheur,
A's gheibh thu 'n sgeula gearr na dh'iarr —
Nach cuimhne leat an Oighrean bhàn,
Is tric 'ghabh sràid leinn 'm measg nan craobh
Mo phiuthar romhainn, 's nan 'nar déigh,
Mur biodh a leannan fein r'a taobh."

Lueu, the valet, speaks

" Cò dha nach cuimhne 'n Ainnir og ⸭
A danns', a ceòl, 's a dreach faraon
'S cò ris bha dùil a's sùil an t-sluaigh,
Gu'm biodh gu luath sibh féin mar aon ⸭ "

Inneraue relates his dream.

" B'e sin mo dhùil-sa, 's b'e mo mhiann,
Ach bhuair mo bhruadar mi an raoir
On, chunnaic mi mar neul ro luath,
S a dhreach du'-ghruamach mar an oidhch'—
A' luidhe sìos air Callard gorm,
A's chualas torman sluaigh ri caoidh.
Bha Mairi bhàn, 's gu'm b'àrd a glaodh,
Gu 'meadhom mach tro' h-uinneig àrd
A gruag a' luasgadh anns a' ghaoith,
'S a sùilean 'snàmh a'n deuraibh cràdh "

Ewen

' An cead dhomh dol a chum an talla ?
Do mhàthair 's t'athair 'feitheamh riut .
A's tillidh mi air m'ais gu luath.
M'a dh'fhaoidt' gu fuasgladh a thoirt duit ?'
Ruith e, 's dh'innis e do chàch,
" Tha Pàdruig òg gu h-àrd a' sealg "
A's bheartaich e a steud gun dàil,
'S gun fhios aig càch gu'n robh e 'falbh
Troimh chraobhan 's phreas a' gearradh leum.
Gu Pàdruig 'teachd 's a shùilean làn :
" Tha mi neo-cheart mu d' chàirdean fèin,
Ach 's bròn as beud do Mhàiri bhàin."
Thar Caol-Mhic-Crimhein fhuair e 'n steud,
'S gun bhriseadh leum 'dol troimh 'n Bhlàr-chloin
Troimh Ghleann-salach 's taobh Loch-creran.
Gun chasadh srein' e fèin g' a dhìon
Ach chunnaic e troimh Bhàr-nam-muc.
Air feadh nan lub, nan tuil, 's nan dig
Neach a'n cabhaig mar e fèin,—
' Is neach le sgeul e so an chunnt "
Ciod is dreach d'a bhreacan sgaoilte
Chi mi taobh na srein' dheth dearg
Is Callardach 'tha'n so air chunnt
'S tha'n aisling làn fhìor gu dearbh '

MEETING OF THE TWO VALETS

A Short Dialogue

" O ' fhir astraich an steud
An cruaidh na'n ait do sgeul nach fhaoin ?
Cia as ? no cean a tha do thriall ?
Mu'm freagair an t-aon sgeul gach aon '
' A Callard do dh'Inbher-àtha."
" A Inbher-àtha tha mis' air teachd."

Cia mar dfhàg thu sluagh 'an Callard
A's Màiri bhàn a's ailidh cleachd ?"
  Bha ise slàn 'n uair dh'fhàg mis' i,
Ach 's duilich innseadh bheil i 'n tras'
Oir bha is a' phlàigh 'mach san tigh mhòr
'S thuair 'chuid a's mò dhiubh cheana bàs
Till 's thoir fios air so do d' mhaigh'stir
A's tilleamsa gu m' bhanntighearn fèin
'S gu bheil fan' an 'chur gach làmh,
'S nach fhaic e Màiri bhàn 'na dhèigh "

OLD MAN

Thug na fir an cùl r'a chéil',
'S bha m' athair fèin gu beachd fo leon
A's 'nuair a chuala 'n t-oighre 'n sgeul
Cha tug e géill do mheud a bhròin
Ach thagh e 'dhaoine 's 'eathar fèin.
A's cuid do éideadh 'pheathar òig',
A's ghluais an eathar gu'n fhios 'dé 'n taobh.
Ach réir 's mar sheòl an laoch na seòid
Dh'iarr na fearaibh bu gheal léintean.
Iorram gleusaidh bho'n bhragh'd-ràmhaich',
Ach fonn ciùil cha robh air Pàdruig
Tuinn a' gàirich 's rinc a' rànaich
Bu dorcha 'n oidhche 'n Caol-Mhic-Phàdruig
'S lìonadh làidir 'g a cur luath
Lasair thein' air Rutha Chàrnais,
'S feachd ro làidir air mu'n cuairt.
Eagal luchd na plàigh a sgaoileadh,
A's teine 's daoin' an aghaidh 'mhàin .---
Dh'innis Pàdruig nis an ionnsuidh,
A's phaisg na suinn gu dlù na làmh
Sgaoil iad siùil ri crannaibh caola.
Mu'n cluinnte farum fuaim nan ràmh

'S ghléidh iad dlù ri Baile-Chaolais,
'M bheil dream bha daonnan 'n tùs a bhlàr
Tha eilein Mhunga air an dì —
An linne Liobhann chiùin a' snàmh,
Ceann-uidhe e nan ioma saoi.
'S am bheil mo dhaimhich uile 'n tàmh
Tha Gleann-a-Comhunn air an deis,
Ach thrus an oidhch' i féin 'na ghlan
Tha 'm bàta nis a' dol gu tuath,
'S cha chluinnear guth na duan bho'n fheachd
Ghabh iad dìreach gu Port-Eachainn,
Tha neach an sin a' teachd gu tràigh
" Ho ló ' am bàt " ars' m'athair féin,
" Cia as tha teachd na Fenm' an tràs' ?
" An tus' tha sin a Dhòmhnuill Mhòr ? "
Ars' Eoghan òg a's caoine guth
" Is mi, 's cha b'earbs' à giullan faom,
Nuair shaoil mi dhìotsa gnìomh an diugh "
Chaidh Pàdruig, Eoghan, 's m'athair féin,
Ceum air cheum a dh'ionnsuidh 'n talla.
'S gach còmhla, 's dorus glaiste suas—
Gruaim a's namhas fad a' bhaile
Dhìrich Pàdruig suas an fàradh,
Gu h-uinneig àird na h-ainnn òig'
Bhuail e 'n uinneag, 's thàinig Mairi,
'S cha b'fhàilt mar b' àbhaist doibh le pòig.

Mary of Callart speaks

" 'N tu tha sin a Dhòmhnuill Mhòr ?
Nach gòrach thu bhi 'tigh'nn cho truc,
Tha iad uile nis 's an t-siorruidheachd,
'S gu 'n comhnadh Dia mi fein an nochd
Labhair i mar so le bànteadh,
S bho 'suilean bhruchd mar thuil na deòir,
Dh'fhàlaich i a gnùis 'na lamhan,
'Bha combdaichte le 'cuabhan oir.

Tiugainn, tiugainn, O a Mhairi
Fag an talla, 's thig gu luath "
" O mo ghaol ! cha mhi nach d'aithnich,
Nach b'fhear mo mheallaidh fear mo luaidh.
Dh'fhàg i 'h-aodach anns an talla,
Dh'fhàg i 'h-athair, dh'fhàg i 'màthan ,
Cóignear bhràithrean a's a piuthar.
S lean i Padruig donn fo amhghar.
Thug e i gu taobh a' chladaich,
Ann 'na bhreacan daite lom
'S an deigh a faragadh san t-saile.
Ghluais am bàta dh'iomairt thonn
'S ni 'n robh m'athair féin air 'fhagail.
Ach lean e 'chàraid bha fo leòn
'S na'm bu mhaireann buan do Phadruig,
Cha bhiodh cùram oirn d' ar lòn
Chuala luchd na faire 'm bàta.
'S thàinig iad a chum an talla ,
'S chuir iad e 'na smùid sna speuran,
A lasair 'g éiridh thar a' bhaile.
So an t-aobhar a thug dhomhsa
A bhi 'm thògarrach gun charaid
Cha dean Gùmhnich neach dhiubh fein diom
'S mo chàirdean fein cha dean iad m'fharraid ¹⁰

BOOK III

ARGUMENT

The goodman asketh the old soldier to relate how Patrick fell in the battle fought between Argyle and Montrose at Inverlochy, in the year 1646, and how the brave warrior, although wounded, was allowed to retain his escaping soul till he died in the arms of his beloved wife—He was buried within the ground of the Priory of Ardchattan. Mary often came to weep over the grave, and her sweet and plaintive voice often reached the ear of the Prior, who, observing her, and being moved by her beauty and her song, proposed marriage. Mary, being left alone in the world—deprived of all relations, and her very father-in-law avoiding the way of her house—she consented. On the marriage eve, while all were joyous and merry, she looked out of the window of her closet, and seeing the bed of her former lover covered by a wreath of snow, she could not bear the idea of being wedded to another, she rose, sung her song, which is still preserved, and died. "The harp from her hand had fallen, and her soul departed in the song."—This concludes the Third Book.

The GOODMAN, addressing his GUEST, desires him to relate how the brave Patrick fell.

" Ach thuirt thu nach robh 'n gaisgeach buan "
Ars' fear an tighe, " nach luath dhuit sgin
Innis cia mar nis a dh'èirich,
Oir dhì-chuimhnich mi 'n sgeul gu tur "

OLD MAN

An ùine ghearr bha Inbher-lòchaidh,
'S cha b'ann d'a dheòin chaidh Pàdruig ann ,
Ach Earraghàel mòr an cint,
Bha aige ùghd'ras os a cheann
'Nuair dh'aom na slòigh an comhneamh chèil'
Mar thuil nan tàirneanach o 'n bheinn ,
Bu lìonmhor com gun cheann air làr,
'S bu lìonmhor sàr a bha 'na theinn —

Bha Pàdruig a's a chùl r'a dhaoin',
A's e 'g an glaodhaich as a dhèigh,
Ach fhuair e beum an taobh a' chinn,
A's 'fhuil 'na still cha tilleadh lèigh.
Thuit an laoch an tus an là,
A's ghiùlaineadh e beò le 'shluagh,
E 'gleidheadh le mòr strì an deò,
Gus am faiceadh e bean òg a luaidh
An Cille-chatain[11] ghabh e 'thàmh,
'S bu tric ann Màiri bhàn na truaigh'
Ri taobh grianach an tigh mhòir.
Thaomadh i a bron air 'uaigh.
Ach thug am Priothair dlù fa'near,
A's ghabh e beachd oirr' nuar na dhà,
'Cò i so baintighearn òg na truaigh'
A chi mi 'm measg nan uaigh'n gach là'
Air osaig fhann bu tric gu 'chluais,
Bha luaidh a cridhe le guth caoin,
'S binn fonn a' chridhe th'air a lot,
Mar eala trèigtd' air lochan faoin

MARY'S LAMENT FOR HER HUSBAND

FONN -

O ' hou ionn o ho, o hou ionn eile
Gus a mis' th'air mo sgaradh,
Tha bhi d' laidhe fo'n deile

Tha mi 'n diugh gun fhear tighe,
Mi gun athair gun mhàthair,
Mi gun bhràthair, gun phiuthar
Na gun charaid a' m' anihghar,
'S mise bean a' chruaidh fhortain,
Caoidh mo dhosguinn an sàmhchair,
O ' nach robh mi san uaigh leat,
S cha bhiodh fuachd oirm làmh riut
  O ' hou ionn o ho, &c

Lamh gun lochd rinn do bhualadh—
('unn' san nair nach robh sgath air
Nach tug urram ga d' choltas
'Nuair a lot e le fàth thu —
Cha b'e cothrom na Feinne,
Mo chreach leirdh ' a bha ann ,
No cha bhiodh tu 'n diugh iosal,
'Fhir nach diobradh do chairdean

       O ' hourionn o ho, &c

Thaom an fhuil as do leth cheann,
Cha b'e teicheadh bh'air t'aire ,
Ach air thoiseach do dhaoine,
'Nuan a dh'aom iad a' d' charamh ,
'S iad mo chairdean nach saoilinn
'Rinn mo ghaol nam a sgaradh
Thuit thu n coinneamh na tuaidhe,
Mar chraoibh buailt' thun a gearraidh

       O ' hourionn o ho, &c

Och nan och ' 's e fo'n talamh,
Cullaidh m'aighen 's mo shòlais ,
S fuar mo ghaol fo na clachan,
Ach cha'n fhairich e dolas
S geàir a dh'fhagadh thu agam,
Bruadar maidne mo dhòchas ,
Ged is fhada bho 'n uair sin,
N tùs a fhuair mi oit eòlas

       O ' hourionn ó ho, &c

Goirear dhiomsa nis tuillidh,
Bean nan iomadaidh truaighe
O ' nach robh mi le m' chairdean,
Fo na càrnaibh san luaidhe
Nach do thuit mi sa' bhlar leat,
Fo lot basmhor na cruaidhe ,
'S gheibhinn cadal gu socair,
N leabaidh thosdach na h-uaighe

       O ' hourionn o ho, &c

Ach rinn an Priothair dhith a bhean,
'S thug ise dha le gean a làmh —
Bha ceòl a's othail san tigh mhòr,
A's Mairi òg mar ghrém a 'snàmh .
Na neòil ag aomadh os a ceann,
Fo uallach trom a cridhe 'cnàmh,
Ach uair a bhriseadh oirre neul,
'S cha b'fhiosrach c'àch an meud a prannh
Ach culaidh iongatais an sgeòil,
'S mar thàrlas neonachas do chuid
Ma's ann gu sonas na gu bròn,
Do Mhàiri òig a crann a thuit—
N leaba-bhainns' bhi 'dol a laidhe,
'S dlùth do'n bhalla air an taobh mach .
Bha fear a rinn 's e fuar fo'n fhòd,
'S le nuadh fhear-pòsd' bha ise steach
Chaidh sud 'na h-anam mar ghath buis
'Nuair thuiteas trom fo chràdh nan lann
'S a thogas e a cheann fo'n làr
A's breisleach a' bhàis 'na cheann
Air neo mar eala th'an a lot
A coimpire 's a cheann fo'n tonn
Is amhluidh Mairi 'semn a dain
S a h-anam shnàmh c anns an fhomn

MARY'S SONG

Fonn —Hi-ri-ri-ó, hi-rù-ró-bho,
    'S na hu ru-o, mo dhiubhail mhor

Eudail a dh'fhearaibh na dalach,
Thug thu mi a tigh na plaigheach
Far an robh m'athair, mo mhàthair,
Mo phiuthar, a's mo choignear bhràthrean

O-hó, hi-riu-ó, lau-ro-bhó,
    S na hu-riu o, mo dhiubhail mhor

na bhi mi ii r n-uisge beatha,
Cha'n ol a bheag dheth gu latha
Tha poiten m'fhiona-sa 'na laidhe
Fo'n he bhiic air cul an tighe
    Hi-ri-riù-o, &c

Cudail a dh fhearaibh na greine,
Thog thu tigh dhomh 'n coille ghengan ,
Bu shunntach ann mo laidhe s ii cuigh,
Cha b'ioghnadh sud, O ' b'ui mo chùile
    O-ho, iri-riu-o, &c

M' cudail, in aigheai, a s ii annsachd,
'S ann a' d' thigh nach biodh a' ghainnten
Gheibhte sithionn ghlas nam beanntan,
S na geala bhradain a bu reamhra
    Hi-ri-riù-ó, &c

N ioghnadh mise a bhi deniach,
'S minic a laidh 's tric a dh'éirich ,
Mo làmh a m broilleach do léine,
'S mo gheala bhian ii d'chneas glé-gheal
    O-hó, ii-riù-o, &c

Cudail a dh fhearaibh na dilinn,
Cha leigeadh tu mi do dh'Ile , I)
S tu nach maoitheadh oi m an iomhadh,
Cha b'ionann a's am Piiothair spiocach
    Hi-ri-riu-ó, &c

Saoil nach mise th ai i mo sgaradh
Bhi dol le feai eile laidhe ,
A's m fhear fhéin aii cùl a' bhalla,
Scalgan nan damh donn 's nan aighean
    O-ho, ii-riù-ó, &c

Saoil nach mise th'ai i mo sgaradh,
S ioma rud a rinn mi fhaicinn ,
Chunna mi bhi iomn do bhicacain,
A' trodhlacadh do ghunna glaice
    Hi-ii riù-ó &c

Fhuair mi dusan ga d chrodh bainne,
'S ceud na dhà ga d chaoraich ghcala ,
Ach ged fhuair cha'n fhada mhaireas,
Théid mi leat gun dùil fo'n talamh
O-hó, iri-riù-ó, &c

Théid mi ann mu n odhraich t anairt,
Bidh mi leat a n cùirt nan aingeal ,
'S fheàrr bhi leat na 'n so air m'aineol,
'Fhir bu chaoine guth na 'n cainneal
Hi-ri-riù-ó, &c

Thug thu gmidh air mo bhrògan,
Cuig dhuibh air mo bhreacan pòsaidh .
Cha d'fhuair mo leithid a bha beò e.
Saoil amb roghnadh mi bhi brònach
O-hó, iri-riù-ó &c

'S a Mhic Dhonnachaidh Inbher-atha,
'S coimheach a ghabhas tu n rathad ,
Bho'n tha Màiri Chamian romhad,
'S òr a chaill mi riut mo ghnothach
Hi-rì-riù-ó, &c

BOOK IV

ARGUMENT

The old man continues the story by relating that his father, being now left without protector or relatives, and as Duncanson of Inverawe was raising men for Argyle, the old man's father consented that the son should join the regiment. The first order they received was to march to Glencoe.—He refers to how Major Duncanson was taunted for wandering in a district which ought to have been well known to him, and explains that, not wishing to be in Glencoe till the massacre was over, rather than a want of knowledge of the country, was the cause of his taking the wrong road. When they arrived the work of destruction was at an end, and there was little left for them to do. Major Duncanson, seeing a woman with a child taking shelter by the shade of a rock, despatched the tale-teller to see whether the child was a male. On returning, he informed his commander that the child was only *a nasty girl.* The goodman, on hearing this, cried aloud "Fear not! I am the child whose life you saved." The two embraced each other, the host's feelings of revenge were changed to gratitude; and the old soldier was assured of being well provided for during the remainder of his days.—This ends the story.

OLD MAN

Dh'fhagadh m' athair nis gun charaid,
E gun athair na gun mhathair,
E gun bhràthair na gun phiuthar,
'Ni a chuideachadh 'na àmhghar
Bha Mac Dhonnachaidh 'togail dhaoine,
'S mise 'm ògan faom gun eòlas,
Dh'aontaich m' athair mi dhol mar ris,
'S bha mi riamh o sin gun sòlas
Ri dùbhlachd geamhraidh fhuair sinn òrdugh,
Triall mar sheòladh dhuinn an t-slighe,
Thar Caol-Phàdruig 's ceann Loch-Liobhann,
Bu chàm an t-sligh' chum ar n-uidhe
Bha ar ceannard cearta coma,
Ged a bhiodh an Gleann seachad

D

Seal mu'n ruigeadh e an t-àite,
Ged bha càch 'na dhéigh a 'fochaid—
Dol air seachran ann na dùthaich àraich '
'S na'm b'e Pàdruig bha 'na bhiògan,
Sheasadh e a dhream san uair ud—
O thusa! bha san uau a' t-ògan
Ràinig sinn fadheòigh Gleanncomhunn ,
'S O! b'e 'n sealladh e san uair sinn
Mnathan, clann, a's buar gun tighean—
'S is muladach an àithn' a fhuair sinn ·
'Gach sean a's òg ma tha e firionn ,
Na caomhnaibh a's na gabhaibh truas dhubh ,
Gach bò a's each ni sibh iomain ,
'S gach cruach a's mullan ni sibh gual dhubh '
A'm fasgadh stac a bhac a' ghaillionn,
Bha òg-bhean 's a mac 'ga fhalach
Chuireadh mise dhol a shealltuinn,
'S gun mi 'n geall air dòrtadh 'fhala
Thog mi 'fhéileadh, 's thug mi briathran,
Nach robh ann ach biasd do chaile !
Sin na thachair orms' do bhuaireadh,
Fhad 's a bha mo chuairt sa' bhaile "

GOODMAN.

" 'S mise bha sin—Oh ! do bheatha .
'S na biodh ceathach ort mu'n ògan,"—
Ars' fear an tighe le mor ghlaodh ,
Is leum a's ghlac e'n t-aosd' g'a phògadh.
Cha robh gainne bìdh na aodaich,
Air an aosda ré a bheatha.

NOTES.

(1) Eilean Bhaile-nan-Gobhann (Island of Smiths' Town) lies a little to the north-west of Dalintraid, the residence of the Glencoeman. Gobha or Gobhann was originally a religious order, and this island has received its name from having been occupied by some celebrated smiths   Glasgow *(Glas ghobha)* and Govan *(Gobha ban)* are believed to have been derived from the same term   Every town or village had its smith shop as well as its church and burying ground , and it is worthy of remark that we have here Eilean Mhunga—the island of Saint Mungo, who was the patron saint of Glasgow

(2) Mac Ic Iain Mòr (the son of Mac Iain the Great), was the name by which Macdonald of Glencoe was generally known

(3) It is still a custom in the Highlands when one enters a dwelling that he invokes blessing on the house and family

(4) This refers to King William III

(5) The Earl of Argyle's Regiment was the 21st, a detachment of which was sent to execute the cruel massacre of Glencoe

THE MASSACRE OF GLENCOE

(6) After William, Prince of Orange, dethroned his father-in-law, King James, in 1688, the state of the Highlands caused considerable anxiety to the new government , and it was at last resolved to lay out a sum of twelve thousand pounds, in conciliating the Jacobite chieftains   The agent entrusted with the distribution of this money was John Earl of Breadalbane, who has obtained an infamous notoriety in connection with this affair   The authority to Breadalbane to conduct the negotiation was dated 24th April, 1690 , but at the close of the autumn of 1691, the chiefs had not come to terms The advisers of the king, therefore, resolved to try the effect of threats, as well as bribes , and on the 27th of August, they issued a proclamation promising an indemnity to every Jacobite who should swear the oath of allegiance, in the presence of a civil magistrate, before the 1st of January, 1692, and threatening with fire and sword those who should hold out after that day. This proclamation was drawn up by the advice of Sir John Dalrymple (Secretary Stair) , and it appears from his correspondence with Breadalbane, that he had the hope that a number of the chiefs would refuse to take the oath, and would thus afford the government a plea for inflicting on them the punishment of traitors   "God knows," said he in a letter to the earl, dated September, 1691, " whether the twelve thousand pounds had not been better employed to settle the Highlands or to ravage them , but since we will make them desperate I think we should root them out before they can get that help they depend upon Then doing after they got King James's allowance is worse than their obstinacy, for those who lay down arms at his command will take them up at his warrant "

It is believed that the chiefs received information of these hostile intentions of the government, and resolved to take the oath of allegiance   And before the 31st of December, it was found that Lochiel, Glengarry, Clanranald, Keppoch, and all the other chiefs, except one, had complied with the terms of the proclamation   The only one of the Highland chiefs who neglected to take the oath was M'Iain—as Macdonald of Glencoe was termed in the Highlands   At length, on the 31st day of December, 1691—the last day allowed by the proclamation—M'Iain went, with the most considerable men of his clan, to Colonel Hill, Governor of Fort-William   The Colonel received him with all expressions of kindness , but not being a magistrate, he had no power to administer the oath to him   He advised M'Iain to proceed to Inverary, and gave him a personal protection under his hand, together with a letter to the sheriff—Sir Colin Campbell of Ardkinlass—entreating him to receive Glencoe, and to administer the oath to him   The sheriff at first hesitated to administer the oath, the time allowed by the proclamation being elapsed by one day , and alleging it would be of no use to him then to take it   But M Iain represented that it was not his fault he had gone in time enough to Colonel Hill, not doubting but he could have administered the oath to him , and that upon his refusal he had made all the haste he could to Inverary; that he might have come in time enough, had not the extreme state of the weather hindered him , and even as it was he was but one day after the time appointed, and that it would be very unbecoming of the government to take advantage of his coming late by one day, especially when he had done his utmost to have come in time   Upon the entreaty of the old chief and his threatening to protest against the sheriff for the severity of this usage, Sir Colin administered to him and his attendants the oath M'Iain, depending upon the protection of the Government to which he had now sworn allegiance, went home, and lived quietly and peaceably till the day of his untimely death

Glencoe is a narrow valley watered by the Coe, a river which falls into Lochleven, near the head of Loch Linnhe, and is remarkable for the wild and gloomy character of its scenery   The glen is divided into five farms—or, as they were in the days of King William, into the hamlets of Carnoch, Inverigan, Achanancon, Lekantyim, and Achatriachadan—inhabited by upwards of two hundred persons M'Iain, the aged chief, was a man of a venerable and majestic aspect, and was held in great respect for his courage and sagacity

On the 11th of January, the following warrant, signed and counter-signed by the King, with instructions from Secretary Stair, was sent to Fort-William —

" William R   As for MacIan of Glencoe, and that tribe, if they " can be distinguished from the rest of the Highlanders, it will " be proper, for the vindication of public justice, to extirpate that " set of thieves "   "W R '

A detachment of a hundred and twenty men, belonging to the Earl of Argyle's regiment, lately levied, were selected to be the perpe-trators of the massacre   On the 1st of February they marched to Glencoe, under the command of Captain Campbell, of Glenlyon, whose niece was married to Alastur, the second son of M'Iain, a connection which was no doubt taken into account as likely to lull the suspicion of the Glencoe men, and render them an easy prey The inhabitants became alarmed at the appearance of the soldiers, and the eldest son of the chief, with some of his followers, went to meet them, and inquired if they came as friends or as enemies*   The officers assured him that they had come with friendly intentions, and that they merely wanted quarters for a short time to relieve the overcrowded garrison at Fort-William   Upon his receiving their parole of honour

that they would do neither him nor his friends any harm, he wel
comed them, promising them the best entertainment the place could
afford   During the space of twelve days the soldiers lived at free
quarters in the Glen, on terms of the greatest familiarity and friend-
ship with the inhabitants   Captain Campbell took up his abode at
Inverigan, and took every day his morning dram at the house of his
niece and her husband , and all the officers spent a great part of
their time with the chief and his family   Glenlyon, on the evening
of the 12th, supped and played cards with the two sons of M'Iain ,
and he and his Lieutenant accepted an invitation to dine with the
chief the next day whilst he had the orders of which the following
is a copy in his pocket —

BALLACHOLIS, *Feb* 12, 1692

SIR,—You are hereby ordered to fall upon the Rebels, the Macdonalds of
Glenco, and put all to the Sword under seventy   You are to have special care
that the Old Fox and his Sons do upon no account escape your hands   You are
to secure all the avenues, that no man escape   This you are to put in execution
at five o'clock in the morning precisely, and by that time, or very shortly after
it, I'll strive to be at you with a stronger party. If I do not come to you at
five, you are not to tarry for me, but to fall on   This is by the King's SPECIAL
COMMAND, for the good and safety of the country that these miscreants may be
cut off root and branch   See that this be put in execution, without feud or
favour, else you may expect to be treated as not true to the King or Govern-
ment, nor a man fit to carry a commission in the King's service. Expecting you
will not fail in the fulfilling hereof, as you love yourself, I subscribe these with
my hand   ROBERT DUNCANSON
    For their Majesties' Service.
To Captain Robert Campbell of Glenlyon,

BALLACHOLIS, *Feb* 12, 1692

SIR,—Per Second to the Commander-in Chief and my Colonel's orders to me,
for putting in execution the service commanded against the Rebels in Glenco
wherein you, with the party of the Earl of Argyle's regiment under your com-
mand, are to be concerned , you are therefore forthwith to order your affairs so
as that the several posts already assigned by you, be by you and your several
detachments fallen in action with, precisely by five o'clock to-morrow morning,
being Saturday, at which time I will endeavour the same with those appointed
from this regiment for the other places   It will be most necessary you secure
those avenues on the south side, that the Old Fox nor none of his Cubs get away
The orders are, that none be spared of the sword from seventy, nor the Govern-
ment troubled with prisoners   This is all until I see you, from
                                     Your humble Servant,   JAMES HAMILTON
Please to order a guard to secure the Ferry, and the boats there , and the boats
must be all on this side the Ferry after your men are over
    For their Majesties' Service,
    For Major Robert Duncanson,
of the Earl of Argyle's Regiment

The soldiers had been stationed three to five in a house, according
to the number of the family they were to assassinate, and had their
orders given them secretly that same night   One of them asked out
his host, and as his oath prevented him from divulging the secret,
he turned his back to the Glencoe man, and addressed himself to a
large stone at the end of the house in the following Gælic words —

" A chlach ghlas a tha sa' Ghleann,
" Ge mor do chon air a bhi ann ,
" Na'm b'fhios duit an nochd mar thachras,
" 'S cinnteach nach fanadh tu ann "

Thou, great stone in the Glen, though great is thy right to be in it , if thou
hadst known to night what is to happen, it is certain thou wouldst not remain
in it

The Glencoe man went immediately to acquaint M'Iain of what
he heard   The chief sent his sons to try what they could discover ,
and they, well knowing the locality, went and hid themselves near
to a sentinel's post, where—instead of one—they discovered eight or
ten men   This made them more inquisitive, so they crept as near

as they could without being discovered, so near that they could hear
one say to his comrade that he " Dishked the service in which they
were engaged, and that had he known of it he would have been very
unwilling to have come there", adding that he " was willing to
fight against the men of the Glen, but it was base to murder them "
But his comrade answered, "All the blame be on on such as gave the
orders—we are free, being bound to obey our officers " Upon hear-
ing these words the young gentlemen retired as quickly and as
quietly as they could towards the house to inform their father of
what they had heard , but as they came near to it they found it sur-
rounded, and heard guns discharged, and the people shrieking ,
whereupon, being unarmed, and totally unable to rescue their
father, they fled for their lives

Between four and five o'clock on the morning of the 13th Febiuary
1692, Lieutenant Lindsay and a party of soldiers went in a friendly
mannei to M'Iain's house   The chief got up instantly, and while in
the act of dressing, and giving orders to his servants to bring
refreshments for his visitors, he was shot dead, and fell into his
lady's arms   She was stripped by the murderers of her husband—
one of the ruffians tore the rings from her fingers with his teeth ,
and through the terror and grief of the bad usages she had met with,
died next day   The Laird of Achatriachadan, a gentleman of more
than ordinary judgment and understanding, who had submitted to
the government, and had Colonel Hill's protection in his pocket—
which he had got three months before—was also shot   His brother
entreated that he might be put to death in the open air   " I will
grant your request,' said the officer, " for your bread which I have
eaten '   Macdonald was a bold and active man, and on reaching the
door he suddenly threw his loose plaid over the faces of the soldiers
who were ready to fire at him, rushed through the midst of them,
and, favoured by the darkness and confusion, made his escape.   A
boy about eight years of age was murdered   He seeing what was
done to others in the house with him, ran out, and espying Captain
Campbell, grasped him about the legs, crying for mercy   Captain
Campbell felt inclined to spare him , but an officer of the name of
Drummond barbarously ran his sword through him

Thirty-eight persons were put to death, and the most of them
when they were asleep   And how dismal the case of the poor
women and children must have been '   It was lamentable past ex-
pression , their husbands, and fathers, and near relations were
forced to flee for their lives , they themselves almost stripped and
nothing left them, and their houses being burned, and not one house
nearer than six miles , and to get there they were to pass over
mountains, and wreaths of snow, in a violent storm, wherein the
most of them perished through hunger and cold   The snow-storm,
however, which must have proved fatal to so many of them, was the
means of saving the remainder from destruction   A party of four
hundred men—who should have come to the other end of the glen,
and begun the like work there at the same hour—could not march
that length before nine o'clock , and this afforded to many an oppor-
tunity of escaping   The houses were reduced to ashes ; and the
soldiers, having destroyed whatever could not be removed, collected
the property of their victims, consisting of nine hundred cows and
two hundred horses, besides a great many sheep and goats, and
drove them to Fort William, and there they were divided amongst
the officers

(7) Glencoe—"Gleann-comhunn is the valley of Conn 'Conn mac Deaig Mhic Duibheil" *Darrag*, an oak, must have been the name, as they were of the Druids who derived their denomination from *Dr*, oak, *Saoidh*, goodman, from their worshipping in woods, daraoidhean The author, after many years' researches, is confident that the deerhound is at the root of almost all the great Celtic surnames in Ireland, and in Scotland The Records of the Four Masters give a little story in proof of this theory, but likely it is a concocted story, yet notwithstanding, the allusion in regard to it at such ancient times is a good evidence that the theory is well founded. There are two great names in Scotland who derived their title directly from the deerhound 1st—Counn, or Conn, chief of the MacConnalls 2nd—Cuals, from *Cu* (or *coo*) chief of the MacCuals Macdonalds and Macdougals There are others, such as Dounu-chu, brown hound (Duncansons) Banchu, or Banko (of the Camerons) Iarmad o Chuinn, descendants from Conn—Campbells *Du-ghlas*, Douglases, should be Cuglas—greyhound The Annals of Ireland above related to, state that all their O'Connals, O'Connars, and all their great clans derived their pedigree from the weak son of a king who became so fond of a favourite hound that he was ever after called after the dog Macpherson, of Ossian, states peremptorily that the royal race of Ireland went from Glen-etive (Gleann-elide,) to Ireland *Connail*, or descendant of "Conn" was an acknowledged king of the district of Appin, the author supposes Connal flourishes in the history of Ireland as well as in Ossian's poems *Cu-chulem*,—a whelp hound, was "Cuchullainn," King of Innisfail. The Awe, the Ltive, and Cruachan, are ever mentioned in connection with the above kings, in Irish story, proofs which were not known during the Ossianic controversy At least, if these proofs were known to Dr Johnston, he would be glad to learn them Fingal, or Finn, father of Ossian, means likely, a fawn, a young deer *Os-em* (Os-bhan,) white deer of the period Oscar, his son, *Os-ghaothar*—deer-scenting hound From these, and a thousand other observations that could be produced, it is not strange to call Glencoe, valley of the hound, or of Conn.

(8) Before the invention of mirrors the people's only reflector was the limpid pool.

(9) The Clan Donachie (Duncanson) are a sept of the Macdonald. It is supposed that these respective names are derived from the colour of their hair or eyes, "donn cheann,' "donn shùil." The Macdonachies were a powerful clan, but having allied themselves to the Campbells, and hence to the Kings at all times, they became attached to royalty and avoided many of the strifes in which the other clans were often engaged Some of the Macdonachies changed their name to Robertson, but Inverawe ever kept his ancient name The romantic estate which was the inheritance of this family is at the foot of lofty Ben Cruachan—Loch Awe on one side and Loch Etive on the other—whilst the beautiful river Awe flows past the mansion house It is now the property of Alexander Campbell, Esq, of Monzie

(10) There is a story current in the district in connection with this Poem which is likely, at least in part, to be true Cameron, the Laird of Callart, had two sons, who were sent to France to finish their education, as it was customary to send young gentlemen from the Highlands in those days When coming home from the continent, the vessel conveying them dropped anchor at the entrance to

Corran Ferry and intelligence of their arrival was sent to the father, who dispatched a young man—some say, an illegitimate son—to meet them. This youth was made much of at home in the absence of the sons, and thinking if they were out of the way that he would have every chance of succeeding to the estate, conceived the wicked idea of killing the two brothers. In leading them home he decoyed them into a thicket at the west end of Cùlcheana point, still known as *Glac-nam-marbh* (hollow of the dead), there he killed them, went home, and told the father that the story of the arrival of the sons was untrue. But he, suspecting that all was not right, ordered search to be made, and the dead bodies of the two sons were found in the wood. The Land of Callart was advanced in years when his sons were thus cruelly murdered by Angus, their unnatural half brother, and although fully convinced of the young man's guilt, he failed to bring him to justice—preferring, though an illegitimate son, that he would succeed him than that the inheritance should go to a more distant relative.

Soon after this Cameron of Callart died, and his nephew, Cameron of Lundavra, and father of Mary, claimed the estate, succeeded, and frustrated the views of young Angus. But neither did the new proprietor avenge the blood of the murdered young men, and the plague which broke out at Callart house afterwards, and which carried off father, mother, daughter, and five sons, was believed by the people of the district to be a just retribution for allowing the murderer to escape unpunished. In those days Highlanders imported large quantities of dye-stuffs for their Tartans, and on this occasion Cameron of Callart, and other gentlemen, ordered cases of scarlet dyes from Sweden—from which goods, it is supposed, the infection arose. Mary was the only member of the family who escaped the contagion. But had she not been carried off by Patrick Duncanson of Inverawe, it is questionable but she would have fallen a victim to the plague like the rest of the family. She was accounted the most beautiful, accomplished, and generous-hearted young lady in that part of the country in her day. Her poetic powers must have also been of a superior order · her only remaining song, herein given, is as fine a production as any in the Gaelic language. She was proverbial for her kindness and liberality, and never saw man or woman in distress but she would like to succour. Indeed, her greatest happiness seemed to be running in that direction. Her father, being tired of her too generous disposition, tried once a scheme to put a check to it, but he found it to be quite ineffectual. He told her to leave the house, and learn by experience whether she could find others to do to herself as she did to many. Mary dressed herself, and left for her uncle's house at Lundavra. The weather being very cold, and when crossing the hill, she met a poor ill-clad woman, and taking compassion on her, as was her wont, she divided her plaid into two, and gave the poor woman the one half of it. The road to the Ferry being near Callart House, the woman was seen by some of the inmates, who identified Mary's plaid, suspected it was not come at by honest means, and brought the poor woman before the Land, to give account of how she came to be in possession of the plaid. On being questioned, she informed them that she met a young lady on the road, and, as the day was cold, she insisted upon her taking the half of her plaid. The father on hearing this, sent at once after Mary and never afterward remonstrated with her for her generosity but allowed her her own way.

(11) The Priory of Ardchattan was partly of a religious and partly of a civil order In the unsettled state of the country all valuable papers were entrusted to the Prior, as it was well known that the Highlanders in their strifes never destroyed any property within religious edifices

(12) Patrick's grave was immediately at the back of the house , and no wonder though Mary was pierced to the heart at seeing the grave of him who so gallantly rescued her from the house of plague, and loved her so well

(13) Mary had an uncle residing in the island of Islay

Patrick would not allow Mary to go to Islay, where her uncle was The cause was, three brothers, sons of Callart were among the Royalists in 1715 One went to Islay (the family of Laphroag), one to Arran (of whom there is no account), the third to Jura (of whom the author is a descendant), and who returned soon after

Islay —Etymology of the name The author, being once asked to give his opinion of the etymology of Islay, stated as follows (it was through the public press)—*I*, ee in English, is an island , *le* or *leth*, is half *E leth* is island of two halves The same was the opinion of the late Mr William Livingstone, the poet He called it *I nan leth* (island of two halves) It will take a good practical ear to mark the grammatical connection between the two parts of the word Tigh-arm,—example The author found the ancient name of Islay from Ossian, as follows —

> " Ciod am fàdh bhi g udal cuain,
> Is I nan geobha crom
> 'Sgaoileadh a sgéith 'n ai coinneimh
> 'Gai dionadh o'n domenn
> Tha e crom mar bhogh an ghleus,
> Tha e sàmh mar uchd mo ghaoil.
> Caitheamaid an oiche fodh 'sgéith,
> Ait aoibhinn na n aishn caoin

ENGLISH

> Why should we thus be tossed at sea
> When heth close upon our lee
> The green isle of curved bays,
> With wings extended either ways
> To shield us from the dusky storm
> 'Tis bended like a bow in form
> And quiet as my beloved s breast
> In pleasant dreams shall be our rest

The poem begins with—

> " An I Crom nan ioma crann,
> Tha fari am tann is fuaim nan sleagh

I Crom, or Crom I, was the ancient name of Islay, and Bowmore also derived its name from the above verse

(7)

CPSIA information can be obtained
at www.ICGtesting.com
Printed in the USA
BVHW040212100519
547941BV00007B/21/P

9 781340 100067